29가지
꿈의 색깔

크리스티나 누녜스 페레이라,
라파엘 R. 발카르셀 지음

레드스톤

Manual para Soñar

Text copyright © 2015 Cristina Núñez Pereira and Rafael R. Valcárcel
The moral rights of the illustrations belong to the respective authors.
© Layout: Leire Mayendía

All Rights Reserved.
Original edition published by Palabras Aladas, S. L., Spain.
Korean translation edition © 2021 by Noonkoip Publishing(Red Stone), Korea.

이 책의 한국어판 저작권은 저작권자와의 독점 계약으로 ㈜눈코입에 있습니다.
신저작권법에 의해 한국어판의 저작권 보호를 받는 서적이므로 무단 전재와 복제를 금합니다.

29가지 꿈의 색깔

초판 1쇄 인쇄 2021년 2월 15일
초판 1쇄 발행 2021년 2월 22일

지은이 크리스티나 누녜스 페레이라, 라파엘 R. 발카르셀
옮긴이 김유경
펴낸이 정성진

펴낸곳 ㈜눈코입(레드스톤)
주소 경기도 고양시 일산동구 호수로 672 대우메종리브르 611호
전화 031-913-0650
팩스 02-6455-0285
이메일 redstonekorea@gmail.com
ISBN 979-11-90872-08-9 77190

- 값은 뒤표지에 있습니다.
- 파본은 구입하신 서점에서 교환해 드립니다.

꿈꾸기를 연습해 봐!

꿈꾸기에는 연습이 필요해. 멋진 꿈은 저절로 만들어지는 게 아니거든.
알맞은 질문들을 한다면 우리는 어떤 꿈을 가질지, 또 그 꿈을 이루기 위해
뭘 해야 할지 더 잘 알게 될 거야.

꿈 보따리엔 뭘 넣어야 할까?

꿈을 꾸기 위해 챙겨야 하는 건 사람마다 달라.
그건 마음일 때도 있고, 친구일 때도 있고, 물건일 때도 있어.
꿈 보따리를 잘 꾸리면 멋진 모험을 오래오래 할 수 있지!

이 책에 나오는 사람들은 모두 다르게 살았지만, 똑같은 점이 하나 있어.
바로 마음속에 자신만의 위대한 꿈을 품었다는 거야.
왜 꿈을 꾸어야 하냐고? 나만의 꿈을 찾으면 가슴 뛰는
멋진 인생을 살 수 있거든!

지금부터 우리 같이 꿈꾸기를 연습해 볼래?

16
내 것, 내 생각, 오직 나만의 꿈
빅토리아
베타니아 사카리아스

18
여러 가지 감정들
아그네스 발차
하비에르 곤살레스 부르고스

20
꿈을 위한 준비
지니 엡퍼
로미나 비아소니

30
어렵지만, 불가능하지는 않아
마르타 고메즈
알레한드라 카라게오르규

32
방법은 하나가 아니야
라리사 라티니나
에우헤니아 노바티

34
어려움을 하나씩 없애기
마르타 아르세 파이노
난시 브라헤르

44
스스로 기회 만들기
재클린 뒤 프레
에우헤니아 노바티

46
장해물이 나타나면
니콜라 테슬라
비르히니아 피뇬

48
노선을 변경하기
그레이스 켈리
비르히니아 피뇬

58
계획 세우기
에밀리 뒤 샤틀레
나탈리아 잔코브스키

60
현실적인 상상
메리 더글라스 니콜
가브리엘라 티에리

62
노력을 넘어서
마리아 몬테소리
알레한드라 카라게오르규

72
색색의 꿈
조지아 오키프
루시아나 페이토

74
나만의 꿈 보따리
봉준호
레이레 마엔디아

네 꿈을 마음껏 즐겨!
크리스티나 누녜스 페레이라,
라파엘 R. 발카르셀

'꿈' 하면
뭐가
생각나?

모두모두 다른 꿈

어떤 사람은 달나라에 가는 꿈을 꿔. 반대로 어떤 사람은 자기가 태어난 곳을 절대 떠나고 싶어 하지 않아. 예술가가 되고 싶은 사람도 있고, 그저 작품을 감상하고 싶어 하는 사람도 있지. 모두 다 달라. 각자 자기만의 꿈을 꾸는 거야.

"나만의 모험을 떠나겠어!"

아멜리아는 호기심이 많고 용감했어. 나무에 오르고, 썰매도 타고……. 그러다가 어느 날 에어쇼를 본 거야. 여러 대의 비행기가 하늘을 가르는 멋진 모습을! 모험하고 싶던 막연한 마음은 그 순간 구체적인 꿈으로 변했어. 비행사가 되는 꿈!

반면 에니드는 글 속에서 모험하기를 좋아했어. 이야기로 새로운 세계를 만들고 그곳을 여행하는 건 정말 즐거운 일이니까. 에니드는 매일 글을 쓰며 모험심을 불태웠고, 자연스럽게 작가가 되는 꿈을 꾸었지!

아멜리아 에어하트는 1932년에 혼자 비행기를 타고 대서양을 건너는 기록을 세웠어. 상상이 가? 그 넓은 바다를 작은 비행기를 타고 혼자서 건너간다는 것! 아멜리아는 그 후로도 계속 새로운 비행 기록에 도전했어. **에니드 블라이튼**은 평생 동안 1만 편이 넘는 이야기를 썼어! 책도 700권 넘게 냈지. 에니드의 모험 이야기는 바다를 건너 전 세계로 퍼져 나갔어.

꿈꾸기 연습 1

네 꿈은 좀 이상한 것 같다고? 걱정하지 마. 모두가 똑같은 꿈을 꾸는 게 더 이상하니까!
한번 다른 사람의 꿈 목록을 모아 볼래? 가족이나 친구들에게 꿈이 뭐냐고 물어 봐.
다들 자기가 좋아하는 것들을 꿈꾸고 있을 거야.

간질거리는 생각들

우리 머릿속에는 작든 크든 어떤 생각이나 계획, 소원이 자리 잡고 있어. '난 세상에 없는 요리를 만들고 싶어! 난 정글 탐험을 해 보고 싶어! 나는 색색의 물고기들과 함께 수영하고 싶어!' 같은 것들 말이야. 이런 계획들을 실제로 이루는 상상을 하면 마음이 간질간질해져.

"난 싸움이 아니라 여행을 할 거야!"

메이는 늘 아프리카 깊숙한 곳으로 탐험하는 꿈을 꿨대. 하지만 메이가 살던 시대에는 아프리카 대륙의 많은 부분이 수수께끼에 싸여 있어서 아무도 성공한 적 없었어. 게다가 사람들은 메이가 여자라서 위험한 장소에 가서는 안 된다고 말했어.

메이 프렌치 셸던은 탐험이 꼭 전쟁 같아야 한다는 편견을 깨 버렸어. 다른 사람들의 영역에 들어갈 때 정복자가 아니라 여행자가 될 수 있다는 사실을 보여 준 거야. 1891년, 아프리카 킬리만자로의 눈 덮인 땅에 도착한 메이는 그곳에 살고 있던 주민 138명을 고용해서 함께 움직였어. 메이와 동료들은 피부색도, 언어도 달랐지만 즐겁게 여행하는 방법은 알고 있었거든.

꿈꾸기 연습 2

넌 무슨 생각을 하면 마음이 간질간질해져? 스케이트를 배우는 상상? 산을 오르며 보는 풍경? 복잡해 보이는 수학 공식? 이제 바닥에 누워서 눈을 감고 상상해 봐. 마음이 간질간질해지는 상상을! 그런 다음 생각나는 모든 걸 예쁜 종이에 적는 거야. 마음이 간질간질해지는 상상은 네 꿈과 닿아 있을지도 몰라.

변덕을 넘어서

만약 오늘은 피아니스트가 되고 싶은데 내일은 아니라면, 그건 그냥 변덕일 수 있어. 정말로 무언가를 원한다면 시간이 지나도 자꾸 생각나고, 원하는 마음도 점점 커지거든.

"날아오르기 위해선 하늘에서 눈을 떼지 마!"

안나는 여덟 살 때 〈잠자는 숲속의 공주〉라는 발레 공연을 보고 발레리나가 되어야겠다고 결심했어. 곧바로 러시아 황실 발레 학교에 입학하려고 했지만, 너무 어려서 들어갈 수가 없었지. 하지만 안나는 포기하지 않았고, 열 살이 되었을 때에 훌륭한 선생님을 만나 발레를 배우기 시작했어.

안나 파블로바는 꿈을 이루기 위해 끝없이 연습했고, 가장 단순한 점프까지도 아주 정확하고 아름답게 해낼 수 있게 되었어. 결국 세계에서 가장 유명한 극장에서 춤을 추는 최고의 발레리나가 되었지. 안나는 거기에서 멈추지 않았어. 많은 사람들에게 발레를 알리기 위해 직접 무용단을 만들어서 전 세계로 공연을 다녔어. 덕분에 많은 사람들이 발레의 아름다움을 깨닫게 되었지.

꿈꾸기 연습 3

하고 싶은 게 너무 많다고? 그럼 지금 가장 하고 싶은 일 세 가지를 적어서 봉투에 넣어. 내일도 하고 싶은 일 세 가지를 적어 다른 봉투에 넣고. 이 일을 똑같이 열흘 동안 하는 거야. 그리고 마지막 날에는 모든 봉투를 열어 보는 거지! 가장 많이 적혀 있는 소원이 바로 너만의 특별한 꿈일 거야.

내 것, 내 생각, 오직 나만의 꿈

꿈은 정말 많은 것들에서 영향을 받아. 때로는 사랑하는 사람에게, 때로는 처음 본 풍경에서 영향을 받기도 하지. 많은 경우, 내 꿈이 내가 가진 삶의 조건이나 환경과 잘 맞지 않을 때가 있어. 그래서 어떤 사람들은 자기가 꼭 해야 할 일을 하면서 꿈을 조금씩 조정해 나가기도 해.

"해야 할 일? 그렇다면 내 방식대로 할래!"

빅토리아는 커서 무엇이 될까 생각하기도 전에 왕이 되어야 한다는 말을 들었어. 식사 예절을 배우듯이 나라를 다스리는 법을 배워야 했지. 처음엔 너무 싫었는데 점점 자신의 나라를 어떻게 꾸리고 싶은지 구체적으로 생각하기 시작했어. 그리고 뭐든 강요하듯 가르치는 선생님 대신, 자신이 원하는 걸 가르쳐 줄 새로운 선생님을 찾아냈지!

빅토리아는 1838년, 열여덟 살 때 영국의 왕으로 즉위했어. 왕이 된 후에는 책임감 없이 권력을 휘두르려는 가족들을 궁에서 내보내고, 민중들의 말에 귀기울이며 나라에 필요한 것들에 대해 끝없이 학습했지. 60년 넘게 왕으로 살았고, 통치 기간 내내 영국인들의 사랑과 존경을 받았어.

꿈꾸기 연습 4

지금 네가 꿈꾸는 건 정말 너의 꿈이야? 모든 사람이 마법에 걸려 너랑 똑같이 생각한다고 상상해 봐. 네가 좋아하는 운동과 과자, 노래를 똑같이 좋아하는 거야. 게다가 꿈도 똑같아! 이렇게 상상을 해 봐도 너의 꿈이 변하지 않는다면 그 꿈은 네 것, 네 생각, 오직 너만의 꿈인 거야.

여러 가지 감정들

마음속의 소망을 이루겠다고 생각하면 희망과 기대가 생기지만 긴장도 돼. 진짜 꿈은 여러 감정이 섞인 설렘을 만들지. 만일 꿈 때문에 너무 지치거나 스트레스를 받고 겁이 난다면, 어쩌면 다른 사람의 꿈을 꾸고 있는 것일지도 몰라.

"때론 힘들지만, 기쁨이 더 크니까!"

아그네스는 아주 어렸을 때부터 음악가가 되겠다는 꿈을 꾸었어. 여섯 살 때부터 피아노를 쳤고, 여덟 살 때는 작곡도 했지. 그 후에는 오페라에 나오는 인물들의 목소리를 연기하며 노래했어. 음악을 더 공부하기 위해 태어난 곳을 떠나야 했지만, 노래하러 무대에 나갈 때마다 너무 기뻤기 때문에 다 괜찮았어.

아그네스 발차는 전 세계 극장에서 사람들에게 감동과 기쁨을 주었어. 생동감 있고, 발랄한 노래를 아주 매력적으로 불렀지. 노래를 시작하기 전에는 잘할 수 있을까 하는 걱정도 했지만, 악보를 보는 순간 염려는 사라지고 열정이 샘솟았어. 너무 많은 기대를 받으면 도망치고 싶어지기도 하잖아? 하지만 노래를 하면서 생기는 기쁨이 두려움을 몰아낸 거야.

꿈꾸기 연습 5

너의 꿈을 생각하면 어떤 느낌이 들어? 네가 꿈꾸는 것들을 종이에 적어 봐.
한 달 내로 새로운 노래 배우기라거나, 파스타 요리하기, TV 출연하기 같은 거 말이야.
그리고 그 종이를 밤에 잠들기 전에 읽고, 아침이 되면 어젯밤에 어떤 감정을 느꼈는지
떠올려 봐. 그리고 부모님이나 선생님과 이야기를 나눠 봐.

꿈을 위한 준비

정원을 잘 돌보려면 끈기가 필요해. 구조대원이 되려면 위험한 상황에서 굳건히 버틸 힘이 있어야겠지. 저글링을 하려면 어떤 능력이 필요할까? 당연히 균형 감각일 거야! 새로운 디저트를 만들려면? 창의력이 필요하겠지! 이렇게 뭔가를 하려면 그에 어울리는 능력이 필요해.

"무서워? 난 그저 재밌는걸!"

어떤 영화에 여자아이가 말을 타고 아주 빨리 내리막길을 달려가는 장면이 필요했어. 그 역할을 맡은 배우는 연기는 잘했지만 말은 탈 줄 몰랐지. 그래서 영화 감독은 아홉 살이던 지니에게 그 장면을 대신 연기해 달라고 요청했어. 그곳에서 지니만큼 말을 잘 타는 아이는 없었거든. 말 타는 걸 전혀 무서워하지 않던 지니는 그 장면을 아주 즐겁게 촬영했어.

....

지니 엡퍼는 그 후 전문 스턴트 배우가 되어 수백 편의 영화에서 온갖 위험한 장면을 찍었어. 다양한 무술을 배웠고, 영화에 적합한 놀라운 동작들을 선보였지. 지니처럼 용감한 사람은 많지 않았어.

꿈꾸기 연습 6

꿈을 이루기 위해서는 어떤 능력이 필요할까? 너무 어려울 수 있으니까 간단한 것부터 시도해 보자. 예를 들어 모델이 되고 싶다면 어디에서든 멋지게 걸을 수 있는 능력이 필요하겠지? 머리에 가벼운 책 다섯 권을 올려놓고 방에서 부엌까지 갈 수 있는지 확인해 봐. 실패했다면, 이걸 성공하기 위해서는 어떤 훈련이 필요할지 궁리해 보는 거야.

네 마음이
향하는
곳은?

싫어하는 것과 좋아하는 것

누구나 싫어하는 게 있어. 당연하지! 그런데 싫어하는 걸 거쳐야만 내가 좋아하는 걸 할 수 있을 때가 가끔 있어. 예를 들어, 피 한 방울만 봐도 메스꺼움을 느끼는데 의사가 되고 싶어 하는 친구나, 몸에 물이 닿으면 녹이 스는 양철 개구리가 수영을 너무나 하고 싶어 하는 거야.

"이기고 싶은데, 이기기 싫어."

가브리엘라의 꿈은 프로 테니스 선수가 되는 거였어. 그렇게 되기 위해서는 많은 경기에서 우승해야 했지. 하지만 가브리엘라는 경기에서 이기면 사람들 앞에서 소감을 말해야 한다는 두려움 때문에 일부러 경기에서 져 버리곤 했어. 수줍음이 너무너무 많았거든.

가브리엘라 사바티니는 어른이 되어 아주 뛰어난 프로 테니스 선수가 되었어. 우승한 후에 일어날 일을 미리 생각하지 않고 경기에 집중하는 법을 배웠거든. 당장 일어날 일에 집중하는 것이, 일어나지도 않은 일을 미리 걱정하는 것보다 좋다는 걸 알게 된 거지.

꿈꾸기 연습 7

넌 뭘 할 때 즐거워? 뭘 할 때 괴로워?
두 줄로 쭉 적어 봐. 한쪽에는 즐겁게 하는 일을,
다른 한쪽에는 싫어하는 일을 적어. 다 적은 후에는 싫어하는 일이
좋아하는 일을 방해하는지 확인해 보는 거야.

각자의 능력은 달라

비버에게 댐을 짓는 일은 쉽지만, 밤꾀꼬리처럼 멋진 노래를 하는 건 아주 어려워. 모두가 다 똑같은 능력을 갖춘 건 아니니까. 하지만 아쉬울 건 없어. 우린 꿈도 모두 다르잖아!

"내가 더 잘할 수 있어!"

메리는 여자아이에게 교육의 기회를 주지 않던 시대에 태어났어. 그래서 열 살이 되어도 글을 읽지 못했지. 하지만 다행히 글을 배우고 나서는, 밤에 혼자 책을 보며 몰래 공부할 수 있었어. 얼마 지나지 않아 메리는 남동생의 수학 선생님보다 더 뛰어난 실력을 갖게 됐어. 그리고 과학에 눈을 떴지!

메리 서머빌은 역사상 가장 중요한 과학자 중 한 명이야. 천왕성의 궤도를 방해하는 가상의 행성에 대한 논문을 써서 해왕성 발견에 중요한 역할을 했고, 일반 여성에게 바치는 과학 책을 써서 과학의 대중화에도 힘을 보탰지. 영어권에서 가장 오래된 대학교인 옥스퍼드 대학교에는 메리의 이름을 딴 서머빌 칼리지도 있어. 메리는 글을 배운 후에는 절대 공부하는 것을 포기하지 않았어.

꿈꾸기 연습 8

네가 잘하는 건 뭐야? 네가 할 수 있는 일들을 모두 적어 봐. 그리고 가장 부족한 것부터 가장 뛰어난 것까지 순위를 매겨 보는 거지.
예를 들어서, 훌라후프(5), 수학(4), 연기(3), 휘파람 불기(2), 암기(1)처럼.
자신의 능력을 제대로 파악하면, 그다음에 뭘 해야 할지 정할 수 있어.

재능과 꿈의 관계

어떤 사람은 인내심을 타고 나. 개수가 많은 퍼즐 조각을 맞추는 데 필요한 재능이지. 또 어떤 사람은 어디에서든 방향을 맞출 수 있어. 배를 타고 넓은 바다를 항해할 때 필요한 재능이지. 때로 누군가는 아주 독특한 재능을 가지고 태어나. 하지만 하나의 재능이 꼭 하나의 꿈으로 이어지는 건 아니야.

"이 재밌는 걸 이제야 알게 되다니!"

마르티나는 어렸을 때 재빨랐어. 게다가 균형 감각도 좋았지. 그래서 온갖 운동을 다 잘했어. 마르티나는 동네 친구들과 축구도 하고, 하키도 하고, 스키도 탔어. 그러다가 할머니의 도움으로 테니스를 배웠는데, 너무 재밌는 거야! 그 후로 마르티나는 종일 테니스를 치게 됐어.

마르티나 나브라틸로바는 최고의 테니스 선수가 되었어. 상을 정말정말 많이 받아서 몇 개나 되는지 세기도 어려울 정도야. 단식, 복식, 혼합 복식 등 모든 종류의 테니스 경기를 즐겼고, 또 모든 경기에서 훌륭한 성적을 얻었어. 은퇴할 때까지 총 331주 동안 세계 랭킹 1위를 지켰다니, 실력을 알 만하지?

▼▼▼▼▼ **꿈꾸기 연습 9** ▼▼▼▼▼

꿈을 이루기 위해서는 무조건 어렸을 때부터 하나에 집중해야 할까?
일단 주변을 한번 살펴봐. 네가 가진 물건 중에 제일 좋아하는 걸 골라 보거나,
하루 중 네가 가장 좋아하는 시간을 골라 보는 거야. 그리고 정확히 어떤 점이
마음에 드는지 생각해 봐. 그 좋은 점을 더 많이 가지고 있는,
하지만 아직 네가 경험해 보지 못한 무언가가 있을 수도 있어!

어렵지만, 불가능하지는 않아

구름 속에서 사는 꿈은 이루기 어렵지만, 그렇다고 아주 불가능한 건 아니야.
구름 속에서 이동하고 구름의 방향을 따르는 열기구만 있다면, 그 꿈은 이룰 수 있을
거야. 아니면 스스로 구름을 만들어 내는 비행체를 만들어도 가능하겠지?
언제나 방법은 있어!

"조금 불편해도 자유를 택하겠어!"

마르타는 네 살 때 합창단에서 노래를 시작했어. 마르타의 재능을 알아본 사람들이
도움을 주겠다고 했지만, 마르타는 그 제안들이 마음에 쏙 들지는 않았어. 그래서
어디에도 소속되지 않기로 결정했지. 무엇을 어떻게 노래할지 자유롭게 선택할 수 있는
음악가가 된 거야! 그 대신 생활이 편안해질 수 있는 다양한 도움까지도 거절해야 했어.

마르타 고메즈는 학교에서 음악을 공부한 다음, 자신의 밴드를 만들었어. 라틴 아메리카의 다양한 민속음악을 소재로 한 노래들이 특히 유명하고, 국제 음악상도 여러 번 받았지. 여전히 마르타의 가장 큰 기쁨은 자기가 하고 싶은 음악을 하는 거야. 돈은 적게 벌더라도, 듣는 사람들에게 감동을 줄 수 있으면 충분하니까!

꿈꾸기 연습 10

꿈을 이루기가 어렵게 느껴져? 가능한 한 큰 종이에 너의 꿈을 그려 봐.
그리고 그 종이를 네 방 벽에 붙여 놓는 거야. 종이를 볼 때마다 그 꿈이 이루기 쉬운지,
어려운지 생각해 보게 되겠지. 그러다 보면 깨닫게 될 거야. 꿈은 늘 거기에 있고,
언제까지나 너와 함께할 수 있다는 걸!

방법은 하나가 아니야

고양이 한 마리가 발이 젖지 않고 강을 건너고 싶어 해. 재빨리 돌 사이를 점프하면 건널 수 있겠지. 그런데 만일 개미가 강을 건너고 싶어 한다면 무슨 일이 벌어질까? 개미는 고양이처럼 재빠르지 않아. 멀리 뛸 수도 없어. 그러면 창의력을 발휘해서 나뭇잎 배를 만들어야겠지!

"이 길이 아니면, 저 길로 가면 돼!"

라리사는 아주 어렸을 때부터 춤을 좋아해서 발레 학원에 다녔어. 그런데 어느 날 발레 학원이 문을 닫은 거야. 슬퍼하던 라리사는 다른 친구들이 몸을 다양하게 움직이며 노는 모습을 보게 됐어. 그 아이들이 하고 있던 건 체조였어. 체조는 발레처럼 온몸을 써서 하는 운동인데, 발레와 달리 여러 가지 도구를 이용하는 게 아주 신기했지.

라리사 라티니나는 국가대표 체조 선수가 되었고 올림픽에 출전해 18개의 메달을 목에 걸었어. 그 기록은 반 세기 동안 이어졌지. 정말 긴 시간 동안 아무도 라리사의 기록을 깨지 못한 거야. 라리사는 선수 생활을 마치고 나서는 체조 코치로서 올림픽에 출전했고, 다른 선수들이 메달을 딸 수 있도록 도왔어.

꿈꾸기 연습 11

너는 온몸을 쓰는 운동을 좋아해?
한번, 한 발로 서서 머리를 빗어 봐. 그게 되면, 동시에 한 손으로 머리를 두드리며
속으로 노래도 불러 봐. 네 몸으로 어디까지 할 수 있는지 실험해 보고,
할 수 있는 것과 없는 것을 구분해 보는 거야. 만약 할 수 없는 걸 해내고 싶다면,
새로운 계획을 세워야겠지!

어려움을 하나씩 없애기

우리는 처음 해 보는 일을 할 때 어려움을 겪어. 하지만 다행히도 그 어려움은 연습을 하면 대부분 사라지지. 여기에서 중요한 점은 그런 어려움 때문에 우리가 연습을 할 수 있게 된다는 사실이야.

"할 수 있어! 나는 알아!"

마르타는 어렸을 때 오빠처럼 유도를 하고 싶었어. 하지만 시각을 거의 잃어 앞을 보기 힘들었고, 너무 어리다는 이유로 허락을 받지 못했지. 그래서 마르타는 학교 체육 시간에 벤치에 앉아 있을 수밖에 없었어. 하지만 어른이 되고 나서는 누구의 간섭도 받지 않고 유도를 시작할 수 있었어. 그리고 국가대표 유도 선수가 되었지!

마르타 아르세 파이노는 국제 유도 대회와 패럴림픽에 출전해 여러 개의 메달을 획득했어! 거기에다 스페인어, 영어, 이탈리아어, 일본어를 할 줄 알아서 여러 나라의 선수들과 이야기를 나누는 것도 문제 없었지. 앞도 보지 못하고, 매일 체육 시간이면 벤치에 앉아 있던 마르타에게 이런 능력이 있을 거라고 누가 상상이나 했을까? 마르타는 알고 있었지만!

꿈꾸기 연습 12

꿈을 이루는 데 방해가 되는 어려움이 있어? 그렇다면 연습이 도움이 될 거야.
연습을 한다고 더 나아질 거라는 생각이 들지 않는다면, 한번 시험 삼아 이렇게 해 봐.
평소에 왼손으로 밥을 먹는다면 주말 내내 오른손으로 먹어 보는 거야.
반대로 평소에 오른손으로 먹으면 왼손으로 먹고 말이야. 처음에는 어렵겠지만,
일요일 저녁 식사쯤에는 훨씬 쉬워질 거야.

꿈까지
얼마나
남은 걸까?

내게 주어진 시간

연극 발표회까지는 3개월이 남았고, 경찰 수사관이 되려면 14년이 남았지. 학교 대항 체조 대회 참가는 20일 남았어. 다행히도 연습할 시간이 남아 있어!

"오래 걸릴 거라고? 그런 건 상관 없어!"

롤리흘라흘라는 커다란 감옥에서 태어난 거나 마찬가지야. 정부가 직접 국민들의 자유를 빼앗고 괴롭히는 나라에서 태어났거든. 나라 전체가 감옥이나 다름없었지. 그곳에 갇힌 사람들은 자신의 가족을 해방시키는 꿈을 꾸었어. 하지만 롤리흘라흘라는 훨씬 더 큰 꿈을 꾸었어. 감옥을 지키던 간수들까지도 해방시키는 꿈이었지.

....

넬슨 롤리흘라흘라 만델라는 27년 동안 진짜 감옥에 갇혀 살아야 했어. 사람들에게 자유를 주기 위해 투쟁하다가 종신형을 선고받았거든. 하지만 그 안에서도 지치지 않고 꿈을 이루기 위해 준비했지. 모두의 자유라는 꿈! 그리고 마침내 많은 사람들의 도움으로 출감했고, 1994년에는 남아프리카 공화국의 대통령으로 선출되었어.

꿈꾸기 연습 13

꿈과 나 사이의 거리는 얼마나 될까? 이 연습을 한번 해 봐.
다음 월요일까지 아주 많은 숫자를 더해 보는 거야. 주변에 있는 어른한테 문제를
내 달라고 부탁하면 될 거야. 답을 내야 할 날짜를 미리 알고 있으니, 시간이 얼마나
걸릴지 생각하면서 풀어 봐. 월요일이 되면 도전을 위한 노력이 즐겁다는 걸
깨닫게 될 거야. 왜냐하면, 준비가 다 되었다고 느낄 테니까.

중간 목표 세우기

신입 이빨 요정에게 임무가 하나 생겼어. 바로 인간 아이의 첫 번째 이를 얻는 거야! 그래서 5단계 계획을 세웠지. 요정은 아무 소리도 내지 않고 조용히 자기 집에서 나왔어. 좋았어, 1차 성공! 인간의 발소리가 들릴 때는 숨었고. 아주 좋아, 2차 성공! 첫 이가 빠진 인간 아이의 방에 도착해서는 살금살금 침대까지 올라갔어. 완벽해, 3차 성공! 베개 아래를 뒤져서 이를 얻었지. 최고야, 4차 성공! 떠나기 전에 선물을 주고 가는 것도 잊지 않았어. 짜잔, 임무 완수!

"쓸데없다니, 준비도 충분히 즐거운걸!"

발렌티나는 어릴 때부터 우주에 대한 큰 열정을 가지고 있었어. 달나라에 가거나 다른 세계를 알고 싶다는 꿈을 꾸었지. 하지만 군인도 아니었고, 비행사도 아니었어. 그래도 발렌티나는 매일 직장에 다니면서 공학을 공부하고 낙하산 타기도 배웠어. 당시에는 우주 비행사가 되려면 낙하산 타기가 필수였거든. 이 훈련 덕분에 발렌티나는 민간인 우주 비행사 모집 공고가 떴을 때 자신감 있게 지원할 수 있었어.

발렌티나 테레시코바는 첫 우주 비행에서 갈매기라는 암호명을 사용했어. 무전기를 통해 이렇게 말했지. "여기는 갈매기, 여기는 갈매기. 수평선에 파란빛이 보인다. 지구다. 너무나 아름답다!"

▼▼▼▼ 꿈꾸기 연습 14 ▼▼▼▼

네가 계속 꿈을 꿀 수 있게 해 주는 중간 목표는 뭐야?
이번 주에는 7층짜리 성을 만들어 봐. 규칙은, 매일 한 층씩만 만드는 거야!
재료는 뭐든지 상관 없어. 완성되기 전까지는 전체 모습이 보이지 않겠지만,
조금씩 커지는 모습을 보면서 매일매일 만족감을 느낄 수 있을 거야.

주변을 둘러봐

네가 좋아하는 것에 대해서 이야기 나눌 사람이 있니? 배움은 학교나 학원에서만 이루어지는 게 아니야. 우선 네 주위를 둘러봐. 만일 네가 그림 그리기를 좋아하고, 주위에 그림을 잘 아는 사람이 있다면 함께 대화를 나눌 수 있겠지. 그림에 대한 너의 사랑을 이해하는 사람이 있으면, 너의 꿈을 더 즐길 수 있게 될 거야.

"우린 모두 음악을 사랑해!"

클라라는 위대한 연주자라는 꿈을 이루기 위해 많은 사람의 도움을 받았어. 클라라의 어머니는 피아니스트이자 가수였고 아버지도 피아노 교사였거든. 온 가족이 음악에 대해 이야기를 나눴어. 클라라는 다섯 살 때 피아노 공부를 시작했고, 여덟 살 때 처음으로 작곡했지. 그리고 바로 다음 해에 피아니스트로 데뷔했어!

클라라 슈만은 유럽 전역에서 콘서트를 열었어. 그걸로 생계를 유지해 나갔는데, 그 당시에는 아주 드문 일이었어. 클라라의 연주 여행을 지지해 주는 주변 사람들과, 음악에 대한 스스로의 열정 덕분에 가능한 일이었지. 클라라는 여행을 다닌 덕분에 더 많은 나라의 특색 있는 연주자들과 음악에 대한 사랑을 나눌 수 있었어.

꿈꾸기 연습 15

꿈을 이루기 위해 어떤 도움을 받고 싶어?
네 주변에 있는 가족과 친구들을 적어 봐. 그리고 각 이름 아래에
그 사람들이 가진 기술이나 능력, 열정을 적는 거야.
그러면 네게 도움이 필요할 때 누구와 이야기해야 하는지 알 수 있을 거야.

스스로 기회 만들기

기회는 예상치 못한 곳에서 오기도 해. 주변을 잘 살펴봐. 분명 도움이 되는 무언가를 발견할 수 있을 거야. 수영 선수가 되고 싶은데 수영장이 없다면, 욕조 안에서 숨을 참는 것부터 시작해. 네가 꼭 가 보고 싶은 나라가 생겼다면, 내일부터 그 나라의 언어로 아침 인사를 해 봐. 새로운 행동을 하면, 새로운 일이 벌어질 거야!

"난 저 악기를 직접 연주하고 싶어!"

재클린은 네 살 때 처음으로 첼로 소리를 들었어. 그리고 그 소리가 머릿속에서 떠나지 않았지. 재클린은 음악 교사였던 어머니에게 첼로를 연주하고 싶다고 말했어. 그것도 지금 당장! 재클린은 아주 어렸지만 어머니는 재클린이 얼마나 첼로를 사랑하는지 깨달았고, 곧 전문적으로 가르쳐 줄 수 있는 선생님과 만나게 해 주었어.

....

재클린 뒤 프레는 역사상 최고의 첼리스트 중 한 명으로 꼽혀. 재클린은 좋아하는 첼로를 연주하면서 열정과 사랑, 아름다움, 그리고 무엇보다도 기쁨을 느꼈어. 완벽하다는 평가를 받을 정도의 정확한 기교와 풍부한 음악성은 첼로를 연주하는 재클린을 더 커 보이게 만들 정도였지.

▼▼▼▼ **꿈꾸기 연습 16** ▼▼▼▼

꿈을 이루기 위해 주변에서 어떤 도움을 받을 수 있어? 한번 이런 도전을 해 봐.
닷새 동안 열 가지 각기 다른 음료 뚜껑을 모아 보는 거야.
먼저 그것들을 어떻게 얻을 수 있는지, 또는 누가 도움을 줄 수 있는지 생각해 봐.
생일 파티를 여는 친구에게 음료 뚜껑을 미리 부탁해 볼 수도 있고, 동네 카페에 가서
버릴 뚜껑이 있다면 너에게 달라고 이야기해 볼 수도 있겠지.

장해물이 나타나면

꿈을 이루기 위해 달려가다 보면, 그 길 위에 어떤 장해물이 나타나기도 해. 꿈으로 가는 여정을 더 흥미롭게 만드는 것들이지. 장해물을 만나면 해결책을 찾기 위해 다양한 방식으로 생각하게 되고, 창의력은 더 커질 거야. 장해물 덕분에 성취감을 맛볼 기회를 얻게 되는 거지!

"신의 영역? 과학이 해결할 거야!"

니콜라는 폭풍이 몰아치던 밤 자정쯤에 태어났어. 그리고 세 살 때 눈이 내리던 날, 정전기로 생긴 불꽃에 반해 버렸지. 하얀 눈들 사이로 파란 불꽃이 넘실거렸고, 그 모습은 니콜라에게 강렬한 기억으로 남았어. 그리고 니콜라는 자연의 힘으로 사람들을 위한 빛을 만들 수 있을 거라고 생각했어.

....

니콜라 테슬라는 나이아가라 폭포의 힘으로 도시 전체에 빛을 비추는 장치를 만들어 냈어. 하지만 그 일을 이루기 전에 수많은 질병이 니콜라를 방해했고, 실험실이 불타 버린 적도 있었지. 너무나 새로운 기술이었기 때문에 사람들은 니콜라를 마법사로 오해하기도 했어. 하지만 어떤 오해에도 니콜라는 자신이 하고자 하는 일을 멈추지 않았지.

▼▼▼▼▼ 꿈꾸기 연습 17 ▼▼▼▼▼

너와 꿈 사이에는 어떤 장해물이 있어? 그 장해물이 벽처럼 느껴져?
하지만 어떤 벽이든 넘어갈 방법은 있어. 때로는 벽을 부숴 버릴 수도 있고!
네가 초능력을 가진 슈퍼 히어로라고 상상해 봐. 눈앞의 벽을 없애는 데 몇 초 걸리지도 않겠지? 초능력은 손쉬운 방법이지만 네게 그 초능력이 없다면, 천천히 하나씩 새로운 방법을 시도해 보면 돼. 분명 알맞은 방법을 찾을 수 있을 거야.

노선을 변경하기

학교 가는 길에 물웅덩이를 만나면 어떻게 해? 폴짝 뛰어넘으면 되겠지! 그런데 이번엔 공사 표지가 나타났어. 원래 가려던 길은 꽉 막혔으니까 멀리 빙 돌아서 가야 해. 돌아가는 건 어렵지 않지. 그런데 그러다간 학교에 지각을 할 것 같아! 아무리 뛰어도 제시간에 도착하지 못할 것 같은데? 그렇다면…… 마음을 느긋하게 먹고 새로운 풍경을 즐겨! 괜히 허둥대다가 다치는 것보단 그냥 지각을 하는 게 나을 거야.

"나는 무대에 서고 싶어!"

그레이스는 배우가 되고 싶었지만, 가족들은 스포츠에 더 관심이 많았어. 아버지가 유명한 조정 선수였고, 오빠도 조정을 했거든. 하지만 그레이스는 꿈을 포기하지 않았어. 아홉 살 때부터 발레와 연기 수업을 들었고, 학교에서도 꾸준히 춤과 연기를 배웠지.

그레이스 켈리는 아주 유명한 영화 배우가 되었어. 그레이스는 일상적인 장면에서도 극적인 연출을 할 줄 알았고, 모든 장면에서 자신만의 우아함과 아름다움을 놓치지 않았지. 하지만 배우로 활동한 기간은 그리 길지 않아. 모나코 공국의 왕과 결혼하면서 왕비가 되었거든. 그레이스는 이미 전 세계적 스타였지만, 왕비가 된 후에는 더 많은 관심을 받았어. 덕분에 전 세계 사람들에게 모나코 공국의 매력을 알리는 데 큰 역할을 했지.

▼▼▼▼▼ **꿈꾸기 연습 18** ▼▼▼▼▼

장애물에는 어떤 것들이 있을까? 집에서 짧은 장애물 달리기 코스를 준비해 봐.
거실 바닥에 여러 물체를 가지고 다양한 방법으로 장애물을 만들어.
온 가족이 참여하고, 가장 통과하기 어렵게 만드는 사람이 이기는 거지.
네 발로 기거나, 무릎으로 걷거나, 높이 뛰는 등 여러 가지 방법으로 통과하도록 만들어.
한번 해 봐, 정말 재밌을 거야!

걱정이
너무
많아지면?

어떤 길을 택하든

네 꿈을 이루기 위해 어느 쪽 길로 갈지 선택했어? 꿈으로 향하는 길에서 제일 중요한 건, 가면서 하게 되는 모든 발걸음, 손짓, 날갯짓을 즐기는 거야. 가는 내내 재미가 없다면, 그곳에 가고 싶다는 마음이 확 사라질 수도 있잖아?

"아무도 못한 일? 내가 해 볼게!"

제인은 어린 시절을 동물들과 함께 보냈어. 동물들과 말은 통하지 않았지만 마음은 통할 수 있다는 사실을 알았지. 그리고 아프리카 대륙에 가서 그곳에 사는 동물들에 대해서 글을 쓰고 싶다는 꿈을 꾸었어. 제인이 가고 싶어 한 곳은 아프리카 중에서도 엄청 외진 곳이었는데, 사람들의 발길이 닿지 않은 곳에서 침팬지를 만나고 싶었기 때문이야.

제인 구달은 50년 넘게 탄자니아 자연 서식지에서 침팬지의 행동을 연구했어. 침팬지의 사회 활동을 관찰하며 수없이 놀라운 발견을 했지. 다른 사람들은 침팬지 무리와의 생활이 위험할 것이라고 생각했지만 제인은 인간의 그런 시선이 오히려 동물들의 삶을 위태롭게 만든다는 사실을 깨달았어. 그리고 목소리를 내지 못하는 동물들을 대신해서 목소리를 내야겠다고 결심했지. 제인은 사람과 동물이 함께 살아가기 좋은 세상을 만들기 위해 다양한 활동을 하고 있어.

꿈꾸기 연습 19

네 꿈으로 향하는 길은 어때? 재미있는 사건들이 있어?
한번 꿈 지도를 그려 봐. 가로로 긴 종이를 꺼내고, 맨 오른쪽과 맨 왼쪽에
산을 하나씩 그려. 오른쪽 산에는 너의 꿈이, 왼쪽 산에는 네가 있는 거야.
그 두 산 사이에 있을 것 같은 길을 잔뜩 그려 봐!

내가 원하는 대로

"난 슈퍼 레이스 트랙을 가지고 놀고 싶어!"
"좋아, 그럼 네가 먼저 자동차를 올려."
"아, 그럼 난 안 할래. 난 그냥 혼자 가지고 놀고 싶거든."

좀 이상하지만, 이런 일도 벌어져. 마치 너와 내가 같은 걸 원하는 것 같지만, 자세히 살펴보면 조금 다른 거야. 아니면 누구에게는 좋은 기회 같아 보이는 일도, 내게는 필요 없을 때가 있어. 사람들이 늘 똑같은 걸 원하는 건 아니거든.

"빛나 보인다고 다 보석은 아니야!"

제임스는 가난한 집에서 태어났기 때문에 어렸을 때부터 일을 해야 했어. 어쩌다 상선에서 일하게 되었는데 바다에 완전히 매료되어 버렸어. 그리고 바다를 측량하고 싶다는 꿈을 꾸기 시작했지. 뱃일은 아주 힘들었지만, 꿈을 이루기 위해 최선을 다했어. 엄청나게 열심히 일했기 때문에 상선에서 높은 지위인 갑판장까지 되었지. 그러다 기회가 왔을 때 이제껏 이룬 모든 걸 버리고 영국 해군에 입대했어. 해군에서는 가장 낮은 위치부터 새롭게 시작해야 했지만 상관 없었어. 바다를 측량하고 싶다는 꿈에 더 가까워졌으니까!

제임스 쿡은 1768년에서 1779년까지 태평양의 수많은 지역을 항해하면서 바다를 측량하고 새로운 섬들도 발견했어. 제임스가 제작한 지도는 너무나 정확해서, 그때까지 사용하던 지도를 완전히 바꾸어 놓았지.

▼▼▼▼▼ **꿈꾸기 연습 20** ▼▼▼▼▼

꿈을 이루기 위해 무엇을 참아야 할까? 눈앞에 늪이 있고, 그 건너편에 너를 위한 선물 상자가 있다고 생각해 봐. 그런데 그 늪은 질퍽한 흙탕물과 얼음이 가득하고 악취까지 진동해. 상자 안에는 어떤 놀라운 물건이 들어 있을까? 상자를 열어 보기 위해 늪을 건너야 할까?

적절한 방법 찾기

달에 가고 싶은 사람이 바람으로 움직이는 돛단배를 준비한다면 어떻게 될까? 머지않아 그건 이룰 수 없는 계획이란 걸 깨닫게 되겠지. 하지만 우주 비행사가 되기 위해 체력을 기르고 필요한 교육을 받는다면, 달에 가겠다는 바람을 이룰 수 있을지도 몰라. 목적을 이루기 위해서는 자신에게 가장 적절한 방법을 찾아야 해.

"내 목표는 변하지 않아!"

아그네스는 어린 시절부터 종교 생활에 매력을 느꼈어. 시간이 지나면서 자신의 꿈이 신을 섬기는 것이라고 확신했고, 12살 때부터 수녀가 되고 싶다고 말했지. 18살이 될 때까지도 그 마음이 변치 않자, 아그네스의 어머니는 딸이 수녀가 되는 것을 허락해 주었어.

아그네스 곤자는 바라던 대로 수녀가 되어 수녀원에서 생활했어. 자신의 이름도 버리고 **테레사** 수녀로서의 삶을 선택했지. 매일매일 기도하고, 학생들을 가르치며 종교 생활에 진심을 다했어. 그러다 어느 날, 신의 뜻을 이루는 방법은 여러 가지임을 깨달았어. 그때부터 인도 콜카타의 길거리로 나가 가난한 사람들을 돕기 시작했지. 배고픈 이들에게 빵을 주고, 아파하는 이들의 손을 붙잡고 약을 먹였어. 아그네스는 어느새 콜카타의 마더 테레사가 되어 있었지.

꿈꾸기 연습 21

꿈을 이루기 위해서는 어떤 길을 선택해야 할까? 비 오는 날 학교에 갈 때,
가장 좋은 길을 찾아 봐. 당연히 물웅덩이가 적은 곳이겠지!
그리고 물이 튀는 것을 피하기 위해서는 차가 덜 다니는 곳이 좋겠어.
그런데 네가 물기 머금은 잔디밭 위로 걸을 때 가장 행복하다면, 잔디밭을 선택해!
옷이 좀 젖는 건 그렇게 위험한 일도 아니니까!

계획 세우기

할 일이 너무 많은 날엔 어떻게 해? 그런 날 있잖아. 친구 생일 파티에도 가야 하고, 선생님이 내 준 숙제도 해야 하고, 엄마가 부탁한 심부름도 해야 하고, 강아지 산책도 시켜야 하고, 보고 싶던 영화도 봐야 하는 그런 날. 그런데 그게 오늘이라면? 가장 빠르게 움직일 수 있는 동선을 짜고, 각각의 일에 쓸 시간도 정확하게 정해야겠지! 계획이 꼼꼼할수록 성공할 가능성도 커질 거야!

"전부 하려면 뭐부터 해야 할까?"

에밀리에게 공부는 행복으로 향하는 길이었어. 지식을 쌓을수록 세상을 더 잘 이해할 수 있었거든. 에밀리는 많은 것을 배우고 싶었기 때문에, 언제나 계획을 잘 짜야 했어. 수학, 물리학, 형이상학, 라틴어, 그리스어, 영어, 이탈리아어, 독일어를 배우고 승마, 펜싱, 체조 수업도 들었거든. 에밀리가 사랑한 기하학과 논리학도 빼놓을 수 없고. 거기에다 하프시코드까지 연주했어! 정말 많은 걸 했지?

....

에밀리 뒤 샤틀레는 빛의 성질을 연구하고 에너지 보존의 개념을 세운 과학자야. 하지만 언어학에도 뛰어나서 직접 책을 쓰고, 다양한 책을 번역하기도 했어. 당연히 공부를 아주아주 많이 했는데, 건강을 챙기기 위해 잠은 꼭 잤어.

꿈꾸기 연습 22

계획 세우기를 연습해 볼래? 먼저 종이 상자 하나를 준비해. 그리고 그 안에 돌을 넣고 상자를 테이프로 막아 봐. 이제 이 테이프를 풀지 않고 돌을 꺼내는 두 가지 계획을 세우는 거야. 계획에 필요한 도구와 예상 시간도 정해 봐. 그리고 계획대로 할 수 있는지 직접 확인해 보는 거지!

현실적인 상상

현실적인 사람이라고 상상하지 않는 건 아니야. 상상력은 꿈을 이루는 데 꼭 필요한 능력이거든. 상상력이 있으면 우리가 바라는 것을 미리 볼 수 있어!

"새로운 도구가 필요해!"

메리는 열한 살 때 동굴에 갔어. 그런데 그 동굴 벽에는 수천 년 전 그곳에 살았던 사람들이 그린 그림이 있었어. 동물이랑 인간이 그려져 있었는데, 너무 신기해서 사실이 아닌 것처럼 보일 정도였지. 하지만 어른들은 그런 흔적들을 조심스레 다루지 않았어. 한번 망가지면 다시는 구할 수 없는 건데 말이야! 메리는 아주 오래된 인류의 흔적을 분류하고 다루기 위한 새로운 도구들을 개발하기 시작했어.

메리 더글라스 니콜은 고인류학자가 되어서 역사에 남을 업적을 이루었어. 고인류학은 엄청나게 오래된 이야기를 현실로 끌어올리는 일이기 때문에, 강력한 상상력과 끝없는 검증이 필요해. 평생을 바쳐야 하는 일이지! 메리는 기꺼이 그 일을 해냈고 말이야. 메리는 나중에 루이스 리키와 결혼했는데, 그때부터 메리 더글러스 리키가 되어서 나중에는 '리키 부부'라고 불렸어. 둘은 자주 함께 연구했거든.

꿈꾸기 연습 23

행동으로 옮기기 전에 몇 번이나 생각해?
만약 딱 한 번만 시도해 볼 수 있는 일이라면 움직이기 전에 아주 여러 번 생각해 봐야겠지. 호랑이 목에 방울을 달아야 한다고 생각해 봐. 호랑이가 깨면 다시는 시도할 수 없지! 절대 소리 나지 않게 까치발로 걸을 수 있어?
숨소리가 커지지 않게 침착할 수 있어?

노력을 넘어서

우리는 노력을 즐길 수 있어. 한 가지 운동을 계속 훈련하거나, 오랫동안 한 과목을 공부하다 보면 그 과정에서도 기쁨을 느끼고는 해. 그리고 노력하는 만큼 성장하는 걸 확인하면, 하고 싶은 마음은 더 커지지.

"누구나 배울 수 있어야 해!"

마리아는 뛰어난 학생이었어. 어렸을 때 이미 공학과 생물학을 공부했지. 그리고 의사가 되기로 결심했어. 하지만 당시 마리아가 살던 이탈리아에서는 어떤 의과대학도 여자를 학생으로 받아 주지 않았어. 마리아는 자신이 의과대학에 진학할 수 없다는 것에 대한 항의 편지를 여러 군데에 보냈고, 결국 한 의과대학의 입학 허가를 받아 냈지.

마리아 몬테소리는 이탈리아 최초의 여성 의사가 되었어. 하지만 마리아는 거기에서 멈추지 않았지. 의학을 공부한 후에는 인류학과 철학, 심리학도 공부했어. 결국에는 아동 교육학자이자 아동 정신과 의사가 되어 '몬테소리 교육법'이라는 놀라운 교육 방법을 개발해 냈어. 오늘날에도 전 세계 많은 교육자들이 사용하고 있는 교육법이야.

꿈꾸기 연습 24

매일 하는 일들은 지겨워지기도 해. 꿈을 이루기 위해 세운 계획을 어떻게 즐길 수 있을까? 똑같은 일도 다르게 시도해 봐. 저녁마다 방을 청소해야 한다면, 매일 다른 컨셉으로 물건들을 배치해 보는 거야. 오늘은 우주 공간처럼 모든 물건을 공중에 매달고, 내일은 배 안의 방처럼 모든 물건을 제자리에 고정해 놓는 거야. 물론 언제나 먼지는 깨끗하게 닦아야겠지!

꿈은
이루어질까?

모든 걸음에는 발자국이 남아

하마는 줄 위에서 하는 서커스를 하고 싶었어. 너무 하고 싶어서 며칠 동안 다이어트를 했지. 하지만 참지 못하고 다시 평소처럼 먹기 시작했어. 공연 날 당일, 하마는 물에 비친 자기 모습을 보았고, 너무 놀라 입이 쩍 벌어졌어. 살이 더 쪄 버린 거야!

우리는 종종 하려고 마음먹었던 일을 하지 않아. 정말 많은 이유를 댈 수 있지만, 분명한 건 하고자 하는 마음이 약해졌기 때문일 거야.

"난 내 친구 곁에 있을 거야!"

다이앤은 아주 어렸을 때부터 동물들과 교감하며 자랐어. 어른이 되어서는 아프리카 대륙으로 여행하기 위해 돈을 모았지. 고릴라를 가까이 보고 싶었거든. 온갖 일을 해서 모은 돈으로 아프리카로 날아갔어. 고릴라를 본 후에는, 그곳에서 떠날 수 없다고 느꼈어.

다이앤 포시는 처음으로 고릴라의 자세한 생태를 세상에 알린 사람이야. 이전까지 전혀 알지 못했던 고릴라들의 삶을 관찰하고 기록해 냈거든. 다이앤은 은색등 고릴라를 친구로 여겼고, 고릴라들도 다이앤을 믿었기 때문에 가능한 일이었어. 사람들은 고릴라가 위험한 존재라고 말했지만, 다이앤은 고릴라보다 밀렵꾼이 더 위험한 존재라고 말했어. 평생 동안 밀렵 반대 운동을 벌이며 고릴라들을 지키기 위해 노력했지.

꿈꾸기 연습 25

꿈을 이루기 위해 세운 계획을 지금도 실행하고 있니? 이제까지 세운 계획들이 있다면 한번 쭉 목록을 만들어 봐. 얼마나 실천했는지 확인해 보는 거야.
중간에 그만둔 일이 있다면 그 이유에 대해 생각해 보고 말이야. 이렇게 확인해 보면 다음엔 더 좋은 계획을 짤 수 있게 될 거야.

해법은 여러 개

코끼리는 하마가 좋았어. 그래서 아침, 점심, 저녁으로 하마를 위해 노래를 불렀지. 하지만 하마는 코끼리를 무시했어. 그러자 코끼리는 계획을 바꿨어. 대신 하마 앞에서 춤을 추기로 했지. 하마는 놀라서 쳐다보다가 결국 크게 웃기 시작했어. 코끼리의 춤이 하마의 마음을 사로잡은 거야! 문제가 해결되지 않으면 다른 방법을 써야 할 때도 있어.

"그 방법이 안 되면, 이 방법으로!"

게르다는 아주 어렸을 때부터 불의를 참지 못했어. 사진작가가 된 후에도 그런 모습은 변하지 않았지. 게르다는 '진실'을 그대로 전하는 사진을 찍었어. 하지만 진실은 때로 너무 아프고 괴로워서, 사람들이 외면하곤 했어.

....

게르다 타로는 세계 최초의 여성 전쟁 사진가야. 게르다는 스페인 내전 때에 종군 사진가로 활동하기 위해 다른 사람인 척 연기했어. 미국에서 유럽으로 온 유명한 사진작가인 척을 했지! 이 연기 덕분에 자유롭게 사진을 찍을 수 있게 된 게르다는, 그곳에서 벌어지고 있는 일들을 전 세계에 폭로했지. 게르다의 놀라운 작품들 덕분에 스페인 밖에 있던 사람들도 전쟁의 참혹함과 슬픔을 직접 눈으로 보게 된 거야.

꿈꾸기 연습 26

꿈을 이루는 방법은 다양해. 그런데 어떤 방법이 제일 효과적일까?
일주일 동안 나라 이름 스무 개를 외워 봐. 그런 다음 기억하는 만큼 적고 목록을 잘 챙겨 놔. 다음 주에는 다시 나라 이름 스무 개를 새롭게 선택하고 새로운 암기 방법으로 외워 봐. 일주일 후에 기억나는 이름을 적고, 지난주와 비교해서 언제 더 잘 외웠는지 확인해 보는 거야.

고무 같은 계획

좋은 계획은 여러 상황에 적응할 수 있도록 고무처럼 유연해야 해.
곤충의 세계를 이해하고 싶어서 정원에서 곤충을 연구할 계획을 세웠다고 상상해 봐. 하지만 아파트로 이사를 한다면 그 계획은 물거품이 되겠지. 그렇다면 계획을 바꿔서 근처 공원에서 곤충을 조사할 수 있을 거야.

"노래를 부를 수 있으면 충분해!"

식스토는 어린 시절 몹시 가난했지만, 마음만은 부자였어. 다른 사람들이 정원사나 벽돌공 또는 공무원이 되는 게 꿈이라고 말할 때, 식스토는 그런 직업들은 그저 꿈을 이루는 수단이라고 생각했어. 식스토의 꿈은 정직하고 겸손하게 조화로운 삶을 사는 거였거든. 그저 일하고 난 후에 노래를 부를 수 있는 삶을 꿈꿨어.

식스토 로드리게스는 꿈 그대로의 삶을 살고 있어. 때론 자신도 모르는 사이에 다른 나라로 퍼져 나간 식스토의 노래가, 수백만 명의 팬을 만들어서 돌아오기도 해. 덕분에 미국에 사는 식스토는 호주나 남아프리카공화국으로 초청되어 거대한 콘서트를 하기도 했어. 하지만 그러고 나면 다시 컴퓨터도, 휴대폰도 없는 자신의 삶으로 돌아와. 돈이 많이 생겨도 꼭 필요한 만큼만 남기고는 다른 사람들에게 줘 버려. 식스토는 적당한 일과 노래면 충분히 행복했으니까.

> **꿈꾸기 연습 27**
>
> 꿈을 이루기 위해 더 좋은 계획을 세울 수 있을까? 3미터 높이의 나무에 달린 사과를 따야 한다고 생각해 봐. 다양한 조건에서 네가 할 수 있는 일들을 상상해 보는 거야. 긴 줄이 있다면, 막대기가 있다면, 초능력이 있다면, 앞을 볼 수가 없다면……. 때론 황당한 생각이 재밌는 방법으로 연결되기도 해.

색색의 꿈

꿈을 생생하게 꾸다 보면 모든 것이 가능하다고 믿게 돼. 그리고 모든 것이 가능하다고 믿으면 분명 그렇게 될 거야. 우리는 꿈을 통해 수많은 방법으로 현실을 색칠할 수 있어.

"내가 정말로 원하는 걸 알아낼 거야!"

조지아는 열한 살 때, 미술가가 되기로 마음먹었어. 그 후로 그 꿈을 이루기 위해 한 걸음씩 나아갔지. 수채화 그림 수업을 듣고, 전시회를 방문하고, 미술 공부도 하고, 다른 예술가들도 만났어. 조지아는 자기가 진짜 그리고 싶은 게 뭔지 알아내려고 잠깐 그림을 쉬기도 했어. 정말로 꿈꾸는 게 무엇인지 계속 고민했거든.

....

조지아 오키프는 꽃을 그린 그림으로 굉장히 유명해. 조지아는 자신의 마음속에 있는 자연을 그림으로 그려냈고, 사람들은 그 그림 속에서 각자의 새로운 꿈들을 찾아냈지. 조지아는 주로 그림을 그렸지만 눈이 많이 나빠져서 시력을 잃게 되었을 때에는 흙을 빚어 작품을 만들었어. 마음속에 여전히 표현하고 싶은 것들이 가득했으니까. 조지아의 다채로운 작품은 오늘날 전 세계 미술관에서 찾아볼 수 있고, 여전히 사람들에게 놀라움을 안겨 줘.

꿈꾸기 연습 28

네가 영화를 만든다면 어떤 이야기를 담고 싶어? 그리고 어떻게 남다르게 만들 거야?
너에게는 휴대폰 카메라가 있잖아. 그걸로 너만의 이야기를 만들어 보는 건 어때?
인기 유튜버처럼, 세계적인 영화감독이 된 것처럼. 못할 게 뭐야.
지금 바로 시작해 봐!

나만의 꿈 보따리

이제, 꼭 이루고 싶은 꿈이나 목표가 생겼니? 네 꿈 보따리엔 뭐가 들어 있어? 목표에 대한 열정은 충분히 단단하니? 열정이 단단해야 중간에 포기하지 않거든.

"남들과 비슷한 영화는 만들지 않을 거야!"

어릴 적 준호는 만화를 엄청 좋아했어. 활발하기보단 내성적인 성격이었지. 그래서 오히려 꼼꼼하게 사람들이나 주변을 잘 관찰할 수 있었어. 혼자만의 시간에 남들이 생각하지 못하는 멋진 아이디어를 떠올리기도 하고, 들려주고 싶은 이야기를 만화로 그려 보기도 했지.

봉준호 영화감독은 만화처럼 기발한 상상력과 치밀한 스토리로 작품 하나하나를 섬세하게 구성하는 것으로 유명해. 그걸로 세계적인 감독이 되었지. 영화 '기생충'은 유명 영화상을 휩쓸어서 세계 영화역사를 새로 썼다는 평가를 들어. 그가 영화에서 가장 중요하게 생각하는 것은 독창성이야. 남들과 다르게, 자기만의 이야기와 색깔로 작품을 만드는 거지. 이런 유능한 감독도 첫 영화부터 성공했던 건 아니야. 꿈을 이루어 가는 데는 많은 실패와 어려움이 따르거든. 그럴 때 돌파하려면 끈기와 의지, 자기 꿈에 대한 단단한 믿음이 있어야 해. 이중 어느 하나라도 준비되지 않았다면 오늘의 봉준호는 없었을 거야.

꿈꾸기 연습 29

무슨 일이 있어도 너의 꿈을 멈추지 마.

네 꿈을
마음껏 즐겨!

아마존 독자서평

✓ 이 책은 꿈에 대한 영감을 주고, 꿈을 생각하게 하고, 그 꿈을 이루도록 도와준다. 유명인들의 전기와 그들의 가르침이 너무 맘에 들었다.

✓ 실제 일어난 사실들을 바탕으로 한 이야기라서 더 좋다. 아들의 여섯 번째 생일을 맞아 선물했는데 꿈을 이룬 사람들의 진짜 이야기를 정말 좋아했다.

✓ 딸이 꿈을 꾸는 법을 배우고 그것을 이루는 데 도움을 주려고 사 줬다.

✓ 어릴 때부터 이런 콘텐츠를 접하는 것이 매우 중요하다고 생각한다. 아이들이 이런 인물들에 자신을 대입해서 목표를 달성하도록 동기를 유발하는 데 도움이 되는 책이다.

✓ 짧은 글이 포함된 매우 단순한 구성이지만 꿈을 이루고 목적을 달성하는 데 도움이 되는 책. 아이들이 자신을 더 잘 알고 원하는 것을 명확히 깨닫게 된다. 열정과 노력으로 모든 것을 이룰 수 있다는 용기도 준다.

✓ 내 딸은 학교에서 그렇게 잘 지내는 편이 아니었는데, 이 책을 보더니 매우 의욕이 넘치는 모습을 보여주었다. 이런 모습을 보게 되어 아주 기쁘다.

✓ 좋다는 소문을 듣고 열 살 된 딸을 위해 샀다. 아이는 매우 재미있어 하며 읽고 또 읽는다. 그리고 친구에게 선물하고 싶다고 한다.

✓ 어려움을 극복한 사람들의 이야기가 많은데, 그 안에는 재미와 활력, 긍정이 가득하다.